ÉLOGE DE M. JAMIN

MEMBRE DE L'INSTITUT

MEMBRE HONORAIRE DE L'ACADÉMIE DE REIMS

Lu à la Séance publique du 22 Juillet 1886

PAR M. BERTINET

ANCIEN ÉLÈVE DE L'ÉCOLE NORMALE SUPÉRIEURE
PROFESSEUR DE PHYSIQUE AU LYCÉE DE REIMS

A REIMS

IMPRIMERIE DE L'ACADÉMIE

24, RUE PLUCHE, 24

1886

ÉLOGE DE M. JAMIN

MEMBRE DE L'INSTITUT

MEMBRE HONORAIRE DE L'ACADÉMIE DE REIMS

Lu à la Séance publique du 22 Juillet 1886

PAR M. BERTINET

ANCIEN ÉLÈVE DE L'ÉCOLE NORMALE SUPÉRIEURE
PROFESSEUR DE PHYSIQUE AU LYCÉE DE REIMS

A REIMS

IMPRIMERIE DE L'ACADÉMIE

24, RUE PLUCHE, 24

1886

ÉLOGE DE M. JAMIN

MEMBRE DE L'INSTITUT, MEMBRE HONORAIRE DE L'ACADÉMIE DE REIMS

Lu à la Séance publique du 22 Juillet 1886

par M. BERTINET, Membre titulaire

MESDAMES, MESSIEURS,

Le monde savant a perdu cette année un grand nombre de ses illustres représentants. Lorsqu'un homme célèbre disparaît, c'est un devoir pour ses compatriotes de lui rendre un dernier hommage en jetant un coup d'œil sur sa vie et sur ses travaux. Parmi ceux dont nous déplorons la perte, se trouve un des plus grands physiciens de notre époque, un enfant de ce pays, Jamin. L'Académie a bien voulu me confier le soin de vous entretenir quelques instants de notre regretté concitoyen. Je la remercie vivement de l'honneur qu'elle me fait, à moi qui suis pourtant tout nouveau venu parmi ses membres. J'y trouve du reste l'occasion de m'acquitter bien faiblement d'une dette de reconnaissance envers un de mes anciens maîtres.

Jules Jamin est né le 31 mai 1818, au village de Termes, dans les Ardennes. Son père, Antoine Jamin, était un engagé volontaire de 1795 : nommé capitaine et décoré sur le champ de bataille de

Friedland, il avait en 1815 donné sa démission de colonel et s'était retiré dans son pays natal.

Jamin commença ses études dans une petite pension de la ville de Vouziers ; il se fit remarquer bien vite par ses heureuses dispositions ; aussi son père se décida à l'envoyer au collège de Reims. A la fin de la première année, Jamin remportait neuf prix ; les années suivantes, les succès continuèrent, et en 1838 il remportait le prix d'honneur des sciences au concours général entre les lycées de Paris et des départements. La même année, il était reçu premier dans la section des sciences à l'École normale supérieure.

Il trouva là comme condisciples des hommes qui comme lui devaient prendre le premier rang parmi les savants : Puiseux, Briot, Bouquet, Verdet et notre immortel Pasteur ; qu'il me soit permis de m'arrêter un instant pour saluer l'illustre Français dont les découvertes, qui étonnent le monde entier, débarrasseront sous peu l'humanité de ses plus terribles maladies.

Dès son arrivée à l'école, Jamin se fit remarquer par son esprit d'invention. Les épreuves de fin d'année, dont dépend l'avenir des élèves, laissent fort peu de place aux libres efforts de la pensée; Jamin trouva cependant le moyen de se livrer à de fructueuses méditations, et imagina plusieurs des méthodes qu'il allait suivre plus tard dans ses recherches sur la physique.

En 1841, il sortait de l'École avec le titre d'agrégé des sciences physiques. On l'envoya d'abord comme professeur au collège de Caen ; puis, au bout de deux ans, le baron Thénard, qui était alors inspecteur du personnel des sciences, lui donna la direction d'un cours de physique au lycée Condorcet. L'année suivante, en 1844, Jamin devenait professeur au lycée Louis-le-Grand, continuait des travaux commencés à l'école et se faisait recevoir, en 1847, docteur ès-sciences physiques avec une thèse sur la réflexion de la lumière à la surface des métaux.

Les qualités du professeur, la valeur de ses travaux le désignaient pour une chaire de l'enseignement supérieur ; aussi, dès 1852, Jamin était nommé professeur de physique à l'École polytechnique ; il y fit son cours pendant 29 ans, jusqu'au mois de mars 1881. En 1863, il avait été appelé également comme professeur à la Sorbonne. C'est là que j'ai eu le bonheur de l'entendre et que j'ai pu apprécier les qualités de son enseignement.

Les cours se faisaient dans l'amphithéâtre de chimie qui, malgré ses vastes dimensions, était rempli d'auditeurs avides d'écouter Jamin. Son talent d'exposition était admirable. Les questions les plus ardues étaient simplifiées par lui, sans perdre pour cela de leur précision ; par des expériences magnifiques, il frappait les regards et traduisait ainsi de façon à la rendre compréhensible pour tous la solution des problèmes les plus difficiles. Vous avez pu apprécier le charme de sa parole. Jamin est venu donner deux conférences dans la salle des séances de l'Académie ; la première fois, en 1874, il parla du téléphone alors tout nouveau, mit sous les yeux d'un public nombreux et des plus sympathiques des expériences très instructives. En 1883, il s'occupa, dans sa deuxième conférence, du soleil et de la lumière solaire et montra l'importance de découvertes nouvelles auxquelles il avait largement participé. L'effet qu'il produisit est inoubliable pour tous ceux qui ont pu admirer sa merveilleuse facilité d'élocution et la clarté qu'il apportait dans toute démonstration.

C'est pendant ses premières années de professorat à l'École polytechnique que Jamin fit paraître la première édition d'un Traité général de Physique. On retrouve dans les qualités de l'auteur toutes celles du professeur; la dernière édition de ce traité, pour la rédaction duquel Jamin s'adjoignit un remarquable collaborateur, M. Bouty, est encore aujourd'hui le seul ouvrage dans lequel les élèves de l'enseignement supérieur trouvent un tableau exact de l'état actuel de la physique. Il me suffira, pour vous en montrer la valeur, de vous rappeler qu'il a été traduit en langue allemande, et que les étudiants allemands, pourtant si dédaigneux de tout ce qui touche à notre pays, vont y chercher les explications claires et précises qui font si souvent défaut dans les écrits de leurs savants.

Malgré la fatigue résultant soit des cours, soit de leur préparation, Jamin produisit un grand nombre de travaux très importants. En 1868, l'Académie des Sciences lui ouvrit ses portes; plus tard, elle le choisissait comme secrétaire perpétuel. C'est un honneur pour l'Académie de Reims d'avoir su le distinguer dès ses débuts en le nommant, en 1851, membre correspondant.

Dans ses recherches, Jamin n'a pas craint d'aborder toutes les parties de la physique. Je ne puis, dans une notice aussi courte, vous donner un aperçu de tous ses travaux. Qu'il me suffise de citer ceux d'entre eux qui ont eu le plus d'importance, soit comme application, soit comme documents, pour l'interprétation philosophique des phénomènes naturels.

Jamin s'occupa tout d'abord de l'optique qui étudie les propriétés de la lumière. C'est à l'optique qu'il est revenu aussi le plus fréquemment, avec une préférence marquée. Il n'hésita pas, étant encore élève de l'École normale, à soumettre au contrôle de l'expérience les formules mathématiques compliquées établies par Cauchy. Après s'être occupé de la réflexion à la surface des métaux, il trouva la polarisation elliptique de la lumière réfléchie par les substances vitreuses, et découvrit du même coup la polarisation elliptique négative de la fluorine, que personne n'avait soupçonnée. Il reprit l'étude des anneaux colorés découverts par Newton et en donna une théorie absolument complète, ne laissant plus place à la critique. Il imagina un appareil d'interférences utilisant la réflexion sur les lames épaisses, et, avec cet instrument d'une extrême précision, mesura les indices de réfraction des gaz et de l'eau dans diverses conditions. Il eut aussi le mérite de modifier complètement certaines dispositions expérimentales, afin de montrer avec la plus grande netteté les propriétés optiques des corps. Par ses travaux d'optique, Jamin justifia de plus en plus l'hypothèse admise depuis Fresnel sur la composition de la lumière, hypothèse grandiose qui consiste à regarder les phénomènes lumineux comme dus non à l'agent insaisissable et peu compréhensible et dont Newton lui-même proclamait l'existence, mais au mouvement vibratoire des molécules de l'éther qui remplit tout l'espace infini.

Dès 1868, les progrès rapides et imprévus de la science électrique fournirent un nouvel élément à l'activité de Jamin. Déjà depuis longtemps, les beaux travaux d'Ampère et de Faraday avaient appris beaucoup en électricité, lorsqu'on songea à utiliser les courants électriques induits pour la production de la lumière électrique.

Une machine nouvelle, construite dans cette intention, la machine Gramme, posa bientôt un autre problème, celui du transport de la force, c'est-à-dire du transport et de la distribution, par l'intermédiaire de l'électricité et loin de leur lieu d'origine, des forces presque perdues actuellement que renferment les marées, les vents, les chutes d'eau. Ce fut toute une révolution, les savants comprirent l'importance de ces graves problèmes. De toutes parts mathématiciens et physiciens se mirent à l'œuvre, les premiers édifiant les formules qui devaient guider les seconds dans leurs expériences multiples.

Jamin, dans cette lutte scientifique qui dure encore, ne resta pas en arrière. Il étudia la distribution du magnétisme dans les aimants qui forment la partie essentielle des machines magnéto-électriques et vit l'importance particulière des armatures. Grâce aux résultats de ses recherches, il construisit des aimants spéciaux, dits aimants laminaires, pouvant porter dix fois leur poids, possédant par suite une force magnétique considérable. Ce sont des aimants Jamin qu'a employés l'ingénieur français Méritens dans la construction de sa machine d'induction qui, à l'heure actuelle, est la meilleure de toutes. Vers 1876, Jamin inventa une lampe électrique ressemblant aux bou·gies Jablochkoff, mais n'ayant aucun de leurs inconvénients ; il eut soin de renfermer les brûleurs dans des lanternes closes où l'air ne peut se renouveler, évitant ainsi la formation de composés nitrés qui, en se dégageant dans une pièce fermée, finiraient par rendre son atmosphère irrespirable. Il est vrai que, depuis, l'expérience a consacré d'autres modes d'éclairage, mais cette invention marqua un progrès sérieux dans l'application d'une science qui marche à pas de géant.

Jamin ne dédaigna pas de s'appliquer à d'autres sujets qui, pour n'être pas à l'ordre du jour, n'en ont pas moins leur importance. Il s'occupa à diverses re-

prises de la compressibilité des liquides, des chaleurs
spécifiques des gaz ; il imagina en outre des expériences toutes nouvelles sur la capillarité. Il montra
d'abord la difficulté qu'éprouve un liquide à se dépla-
cer dans un tube fin, quand la colonne de liquide est
coupée en divers tronçons séparés par des bulles de
gaz. C'est cette résistance qui explique, pour les phy.
siologistes, les cas de mort instantanée — qui se sont
produits quelquefois par suite d'une décompression
brusque — des ouvriers travaillant dans des cloches à
plongeurs.

Plus tard, en continuant ses recherches dans le
même sens, Jamin montra avec quelle force les corps
poreux absorbent et retiennent les liquides; il construisit une sorte d'arbre artificiel, prouvant le rôle
important de la capillarité dans les mouvements de
la sève à l'intérieur des végétaux.

En collaboration avec Masson, Jamin étudia encore
les radiations que nous envoie le soleil. On sait qu'un
rayon de soleil manifeste trois propriétés bien dis-
tinctes ; il a une action lumineuse sur l'œil, apporte
de la chaleur avec lui et peut provoquer des combi-
naisons et des décompositions chimiques. On a sup-
posé autrefois que trois agents distincts émanaient du
soleil, produisant séparément la chaleur, la lumière
et l'action chimique, et que chacun d'eux était dis-
tinct des autres aussi bien par sa nature que par ses
propriétés. Les recherches de Jamin et de quelques
autres physiciens ont conduit à des idées tout autres.
On admet actuellement que le soleil envoie à travers
l'éther des vibrations toutes de même nature, se dis-
tinguant seulement par leurs longueurs d'onde.
Qu'une de ces vibrations tombe sur un thermomètre,
ce corps l'absorbe et s'échauffe ; rencontre-t-elle des
composés chimiques, elle les altère ; pénètre-t-elle

dans l'œil, elle y développe des effets lumineux. La diversité des actions produites n'implique pas du tout la diversité des causes.

La chaleur, la lumière et l'action chimique sont des manifestations diverses de l'énergie dont la somme reste constante dans le monde : c'est de la matière en mouvement.

L'œuvre de Jamin, comme vous le voyez, est immense. Parmi ses travaux, on pourrait en citer plus d'un qui aurait absorbé tous les loisirs, toute la puissance de réflexion d'un chercheur moins infatigable.

Je vous ai parlé du savant, laissez-moi vous dire quelques mots de l'homme lui-même. Jamin était d'une affabilité parfaite. Déjà, à Caen, il s'était attiré l'affection de tous ses élèves. Certes, il était loin de réaliser ce type imaginé, bien à tort du reste, du professeur pédant, acariâtre, jamais content, toujours prêt à sévir. Souvent, pour distraire ses élèves, il les emmenait le dimanche faire des excursions de botanique et de géologie.

Quand il fut chef du laboratoire de recherches à la Sorbonne, sa bonté put encore s'exercer plus librement. Quand de jeunes professeurs des départements s'adressaient à lui, Jamin leur donnait de bons conseils, de précieux enseignements. Il les appelait près de lui, mettait toutes ses ressources à leur disposition ; s'associait de bon cœur à leur succès. C'était un bonheur pour lui de présenter leurs travaux à l'Académie. Il mettait en relief le fait important, savait si bien développer les résultats de l'expérience que les élèves eux-mêmes étaient tout surpris d'avoir si bien fait.

Les membres de l'Académie de Reims ont apprécié bien souvent les qualités de cet homme aimable et dévoué. Chaque fois que Jamin venait ici, il ne manquait pas d'assister aux séances de l'Académie. Il prenait une part active aux discussions, car il était merveilleusement doué pour tout comprendre, étonnait tout le monde par son esprit et sa critique d'une rare sûreté. Nous perdons en lui un ami bien sincère; son souvenir vivra à jamais parmi nous. Sans doute, plus tard, les érudits seuls l'apprécieront; c'est une raison de plus pour que ceux qui l'ont connu publient sa gloire aujourd'hui. La Champagne peut être fière d'avoir donné le jour à un savant qui a maintenu bien haut le renom scientifique de notre chère patrie.

Imprimerie coopérative de Reims (N. Moncr, dir.), rue Pluche, 24.

9 782329 377674